JN369205

오늘도 나랑 놀자곰!

글·그림 **메밀**

대원앤북

PART 1 뭐 해? 나랑 놀자곰!

- 놀자곰의 하루 008
- 토랑이의 탄생 013
- 쿠션 018
- 답답해 021
- 자기 관리 025
- 피자 028
- MBTI 031
- 국수 033
- 단점 036
- 나도 데려가 040
- 뒹굴거리면서 칭찬 받는 법 044
- 놀자곰의 장래희망 047
- 놀자곰과 토랑이 052

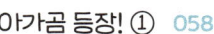

PART 2 모두 나랑 놀자곰!

- 아가곰 등장! ① 058
- 아가곰 등장! ② 063
- 아가곰 등장! ③ 068
- 아가곰 등장! ④ 072
- 벌크업 078
- 한 입만 082
- 삐죽털 085
- 쪼꼬렛 089
- 벽돌 092
- 벽돌을 즐기는 9가지 방법 096
- 정전기 101
- 가위바위보 ① 105
- 가위바위보 ② 109
- 한 조각 114
- 스승의 날 117
- 영화관 119
- 전화해 123
- 너네한테만 이래! 127

PART 3 사계절 놀자곰!

봄 : 화관 134
봄 : 인절미 곰 138
여름 : 썬탠 141
여름 : 더위 144
여름 : 럭키 여름나기 146
여름 : 매미 148
가을 : 할로윈 장난 151
가을 : 할로윈 사탕 155
가을 : 11월 11일 160

겨울 : 첫 눈 164
겨울 : 손 시려 167
겨울 : 겨울의 맛 170

PART 4 오피스 놀자곰!

지각 176
슈크림빵 179
어린이날 182
자기개발 184
열일 186

오후 업무 188
조퇴 190
텅장 194
일을 너무 많이 주면 197
일하기 싫어요 199

PART 1

뭐 해?
나랑 놀자곰!

 ## 놀자곰의 하루

토랑이의 탄생

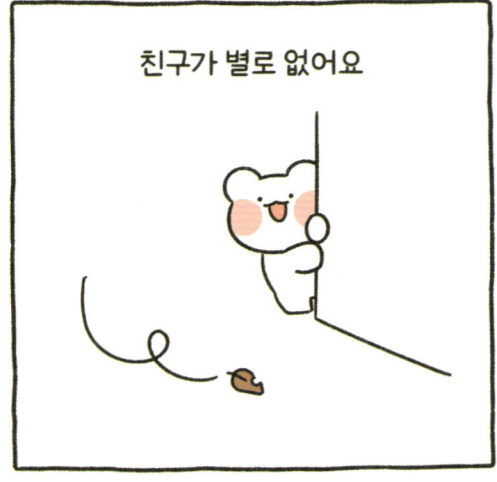

 쿠션

 답답해

자기 관리

 피자

MBTI

 국수

+ 남김 없이 다 먹었답니다!

 단점

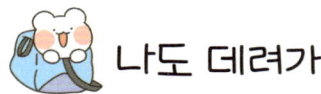 나도 데려가

 ## 뒹굴거리면서 칭찬 받는 법

 ## 놀자곰의 장래희망

구독제로 비교적 저렴한 비용으로 일할 수 있다

유치원생으로 잠입하여 경쟁 유치원의 정보를 캐냄

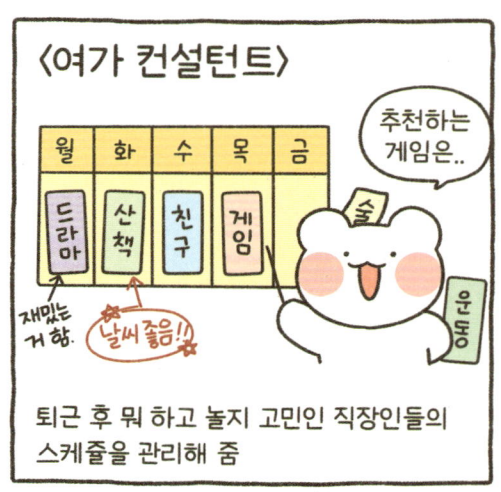

그리고 또...
어? 어디 갔어? 토랑아

 놀자곰과 토랑이

이름 : 놀자곰
생일 : 맨날 생일 ♥
좋아하는 것 : 뒹굴거리기, 매일 놀기!

이름 : 토랑이
특징 : 토끼인형이었던 토끼
잘하는 것 : 팩폭하기, 토랑이 킥!

그러니까

너도 우리랑 같이 놀자!

PART 2
모두 나랑 놀자곰!

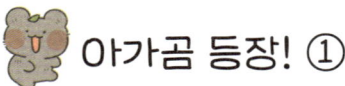 아가곰 등장! ①

 아가곰 등장! ②

To. 우리 가족
안녕하세요. 아직 어린 형누나들...
저 여섯번째곰입니다.
어른스러운 저는 제일 먼저 🐻 독립했습미다.
동봉한 사진의 멋찐 새 집과 든든한 부하들 덕분에
제있는 하루를 보내고 잇답니다.
형 앤드 누나들도 어서 커서 독립하시기를 바랍니다.
그럼 이만.
   p.s. 전 아가곰이라는 새 이름으로 살아가기로 했습미다..
        앞으로 그러케 불러주세요.
        그럼 진짜 안녕!

아가곰
―어른이 된 ~~여섯번째곰~~ 올림

새로운 부하들

내가 지은 새집

우와..   와..

 아가곰 등장! ③

아가곰 등장! ④

+ 아가곰의 이름 정하기

 벌크업

시간이 지나자
복슬한 앞머리만 남았다

# 한 입만

삐죽털

 쬬꼬렛

 벽돌

잠시 후…

벽돌을 즐기는 9가지 방법

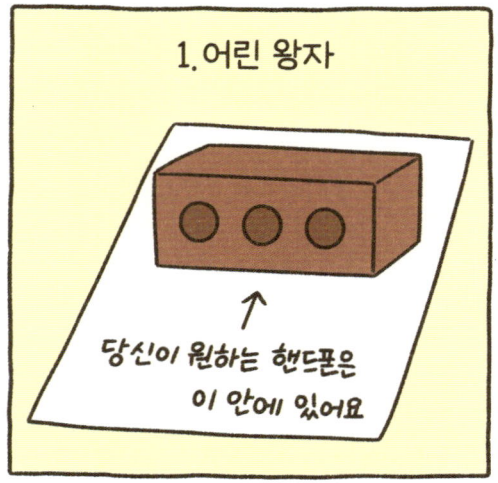

 정전기

 가위바위보 ①

가위바위보 ②

 한 조각

 스승의날

 영화관

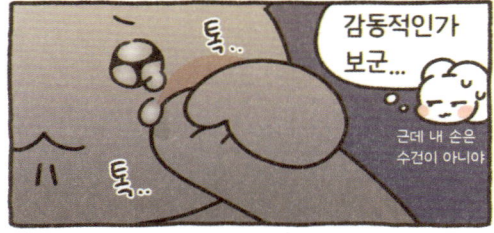

전화해

너네한테만 이래

PART 3

사계절 놀자곰!

 화관

인절미 곰

썬탠

 더위

# 럭키 여름나기

 매미

 할로윈 장난

할로윈 사탕

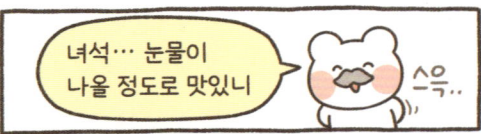

11월 11일

 첫 눈

 손 시려

겨울의 맛

PART 4
오피스 놀자곰!

만약 놀자곰이
출근 한다면?
피할 수 없으면 즐기면 돼!
'출근! 직장인 놀자곰!'
에피소드

 지각

# 슈크림빵

+ 혼나고 다시 받아왔습니다

 어린이날

 자기개발

 열일

 오후 업무

 조퇴

텅장

일을 너무 많이 주면

 일하기 싫어요

오늘도 나랑
놀자곰!

2025년 3월 25일 초판 1쇄 인쇄
2025년 4월 15일 초판 1쇄 발행

글·그림 메밀
발행인 황민호
콘텐츠3사업본부장 석인수
디자인 루기룸
발행처 대원씨아이㈜ www.dwci.co.kr
주소 서울특별시 용산구 한강대로 15길 9-12
전화 영업 02-2071-2066 / 편집 02-2071-2155
팩스 02-794-7771
1992년 5월 11일 등록 제3-563호

979-11-423-1549-7 07810

ⓒmemill All rights reserved.

- 이 작품은 저작권법에 의해 보호를 받으며 본사의 허가 없이 복제 및 스캔 등을 이용한
  무단 전재 및 유포·공유의 행위를 할 경우에 상응하는 법적 제재를 받게 됨을 알려드립니다.
- 잘못 만들어진 책은 구입하신 곳에서 교환해 드립니다.